W9-BRE-669

This Luna Rising book belongs to:

My Name is ✸ Me llamo

Celia

The Life of Celia Cruz
La vida de Celia Cruz

written by/escrito por Monica Brown

illustrated by/ilustrado por Rafael López

Luna Rising

A Bilingual Imprint of Rising Moon

www.northlandpub.com

Composed in the United States of America
Printed in China

Edited by Theresa Howell
Designed by Katie Jennings
Production supervised by Donna Boyd
Translated by Alicia Fontán
A special thanks to Dr. Carl Gutierrez-Jones, the Rockefeller Foundation,
and the Center for Chicano Studies at U.C. Santa Barbara for their support of this project.

FIRST IMPRESSION 2004
ISBN 0-87358-872-X

04 05 06 07 08   5 4 3 2 1

Library of Congress Cataloging-in-Publication Data

Brown, Monica, 1969-
My name is Celia : the life of Celia Cruz = Me llamo Celia : la vida de Celia Cruz /
by Monica Brown ; illustrated by Rafael López.
p. cm.
In English and Spanish.
1. Cruz, Celia—Juvenile literature. 2. Singers—Latin America—Juvenile literature—Biography.
I. Title: Me llamo Celia. II. López, Rafael, 1961- ill III. Title.
ML3930.C96B76 2004
782.42164'092—dc22

2004004883

For my beautiful daughters,
Isabella and Juliana.
—M. B.

To my son, Santiago,
who thinks paint brushes are magic wands.
—R. L.

SUGAR! My voice is strong, smooth, and sweet. I will make you feel like dancing.

Close your eyes and listen. My voice feels like feet skipping on cool wet sand, like running under a waterfall, like rolling down a hill. My voice climbs and rocks and dips and flips with the sounds of congas beating and trumpets blaring.

Boom boom boom! beat the congas.
Clap clap clap! go the hands.
Shake shake shake! go the hips.

I am the Queen of Salsa and I invite you to come dance with me.

¡AZÚCAR! *Mi voz es intensa, suave y dulce. Te dará ganas de bailar. Cierra los ojos y escucha.*

Mi voz se siente como unos pies que resbalan en la arena mojada, como correr bajo una cascada, como bajar por una loma. Mi voz trepa y se mece y sube y baja al ritmo de las tumbadoras y el sonido de las trompetas.

¡Bum bum bum! *resuenan las tumbadoras. Las manos aplauden y las caderas se menean.*

Yo soy la Reina de la Salsa y te invito a bailar conmigo.

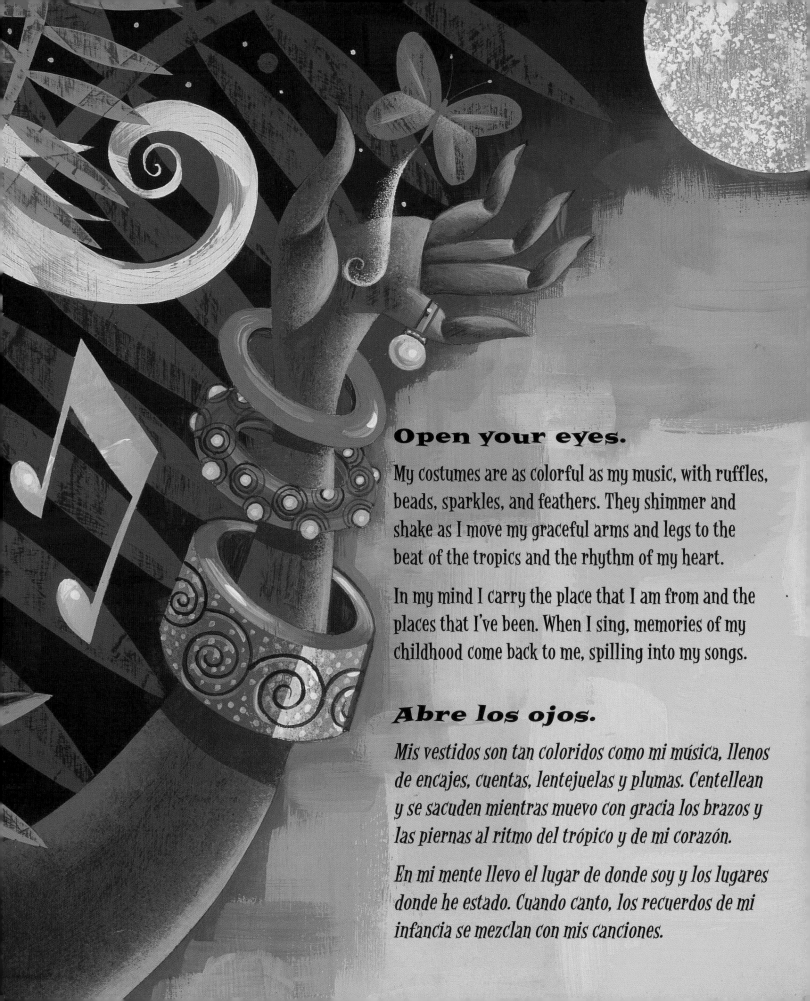

Open your eyes.

My costumes are as colorful as my music, with ruffles, beads, sparkles, and feathers. They shimmer and shake as I move my graceful arms and legs to the beat of the tropics and the rhythm of my heart.

In my mind I carry the place that I am from and the places that I've been. When I sing, memories of my childhood come back to me, spilling into my songs.

Abre los ojos.

Mis vestidos son tan coloridos como mi música, llenos de encajes, cuentas, lentejuelas y plumas. Centellean y se sacuden mientras muevo con gracia los brazos y las piernas al ritmo del trópico y de mi corazón.

En mi mente llevo el lugar de donde soy y los lugares donde he estado. Cuando canto, los recuerdos de mi infancia se mezclan con mis canciones.

I was born in Cuba, an island in the middle of the Caribbean Sea. My Cuba was the city of Havana.

Our family had a warm kitchen filled with the voices of women and men—grandparents, brothers, sisters, cousins, and friends. We ate rice, beans, and bananas and filled our bellies with love and warm coffee with milk and lots and lots of sugar.

In the evenings, I would help my mother put the younger children to sleep by singing them soothing, sweet lullabies.

Nací en Cuba, una isla del Caribe. Mi Cuba era La Habana.

En mi casa teníamos una cocina acogedora, llena de las voces de mujeres y hombres: abuelos, hermanos, primos y amigos. Comíamos arroz, frijoles y plátanos, y nos llenábamos la barriga con amor y café con leche bien caliente y mucha, pero mucha azúcar.

Por la noche, ayudaba a mi madre a acostar a mis hermanos chiquitos cantándoles canciones de cuna bien bajito.

My father worked long and hard on the railroad but loved coming home to us each day. He would sit in the backyard and sing with us. He gave us the gift of his music and filled our hearts with hope. Sometimes when I would sing with my father, the neighbors would hear the sound of my voice and walk over to listen to my melodies. We may have been poor, but music cost nothing and brought joy to us all.

Mi padre trabajaba muy duro en los trenes, pero se sentía feliz cuando volvía a la casa cada día para estar con nosotros. Se sentaba en el traspatio y cantábamos todos juntos. Nos dio el regalo de su música y llenó de esperanza nuestros corazones. A veces, cuando yo cantaba con mi padre, los vecinos oían mi voz y se acercaban a escuchar mis melodías. Éramos pobres, pero la música no costaba nada y nos alegraba.

My papa wanted me to become a schoolteacher, such an important job. At school I learned and grew. I studied history and art, mathematics and science, and even music.

I did well in school, and I loved to sing! When I sang my body would fill with the rhythms of Africa and mix with the Spanish sounds of my Cuban mother tongue.

Finally, one of my favorite teachers took my two hands and said, "Go out into the world and sing, my child—you will be known across the land! Your voice is a gift from above and must ring sweet in the ears of our people!"

Mi papá quería que yo fuera maestra, que tuviera un buen trabajo. En la escuela aprendí mucho y maduré. Estudié historia y arte, matemáticas y ciencias, y hasta música.

Me fue bien en la escuela, ¡y me encantaba cantar! Cuando cantaba, mi cuerpo se llenaba de los ritmos africanos mezclados con el idioma español de mi patria.

Un día, una de mis maestras preferidas me agarró la mano y me dijo: "Sal al mundo a cantar, mi niña... ¡Te harás famosa! ¡Tu voz es un regalo del cielo y sonará muy dulce en los oídos de la gente!"

My cousin Nenita and I would travel far on the bus so I could have a chance to sing in competitions. Even though some people would not let me sing in their contests because of the color of my skin, I did not let this stop me from making my voice heard. I promised myself that I would keep singing and studying no matter what.

Mi prima Nenita y yo hacíamos viajes largos en ómnibus para que
yo cantara en concursos. Aunque algunos no me dejaban cantar
en sus concursos por el color de mi piel, no me di por vencida. Me
prometí que seguiría cantando y estudiando pasara lo que pasara.

I was still a young woman when a revolution began in my country. Like many others, I left my Cuba forever. First, I traveled to Mexico. Then I traveled to the United States with my husband, the trumpeter Pedro Knight, and our musical group Sonora Matancera.

Todavía era joven cuando triunfó la Revolución. Como hizo mucha gente, me fui para siempre de mi Cuba. Primero fui a México. Después viajé a los Estados Unidos con mi esposo, el trompetista Pedro Knight, y nuestro grupo, la Sonora Matancera.

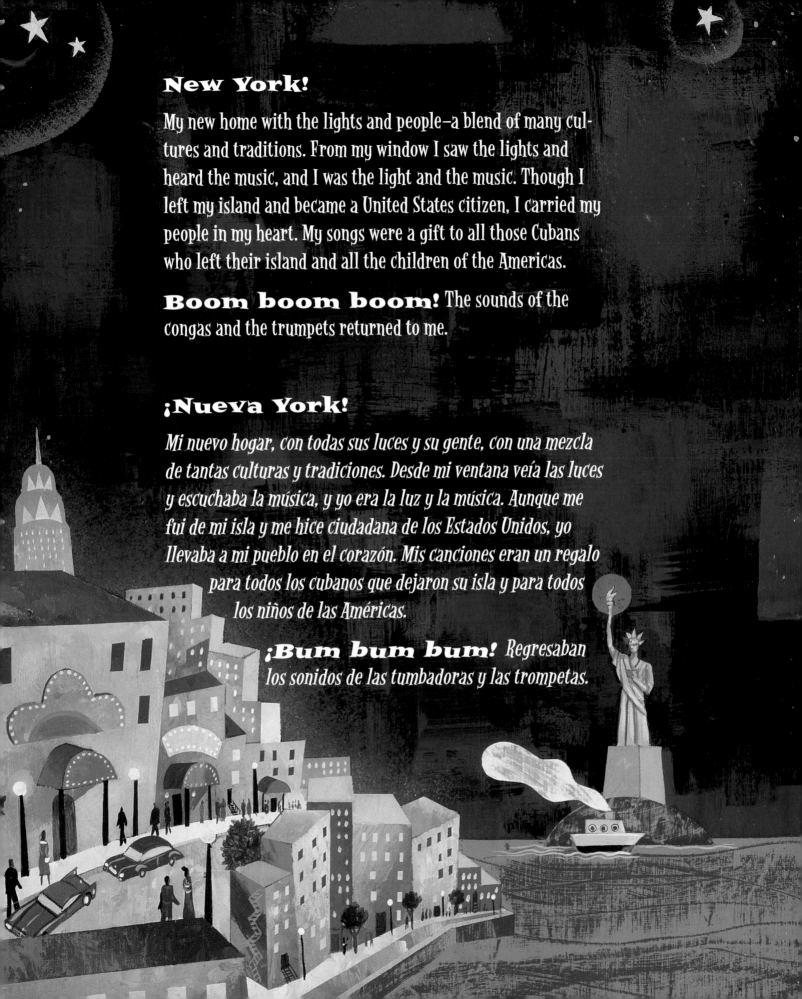

New York!

My new home with the lights and people—a blend of many cultures and traditions. From my window I saw the lights and heard the music, and I was the light and the music. Though I left my island and became a United States citizen, I carried my people in my heart. My songs were a gift to all those Cubans who left their island and all the children of the Americas.

Boom boom boom! The sounds of the congas and the trumpets returned to me.

¡Nueva York!

Mi nuevo hogar, con todas sus luces y su gente, con una mezcla de tantas culturas y tradiciones. Desde mi ventana veía las luces y escuchaba la música, y yo era la luz y la música. Aunque me fui de mi isla y me hice ciudadana de los Estados Unidos, yo llevaba a mi pueblo en el corazón. Mis canciones eran un regalo para todos los cubanos que dejaron su isla y para todos los niños de las Américas.

¡Bum bum bum! *Regresaban los sonidos de las tumbadoras y las trompetas.*

Miami! My home away from home.

One day in a restaurant, a young waiter asked me if I wanted sugar in my coffee. "SUGAR?!" I said. How could he even ask!? I am Cuban. "Yes, with SUGAR!" And when I sipped the milky sweetness I was back in my mother's kitchen with my friends and family.

From that point on, when I walked out on stage I would simply say, "SUGAR!" And they would know exactly what I meant—home and love and lots of kisses.

The audience would bring their hands together and welcome me.

CLaP CLaP CLaP

¡Miami! *Mi segundo hogar.*

Un día, en un restaurante, un camarero joven me preguntó si quería azúcar con el café. ¿AZÚCAR?, exclamé. ¿Cómo se le ocurre preguntar eso? Yo soy cubana. Claro que sí, ¡con AZÚCAR! Y cuando tomé un poquito del café dulce recordé la cocina de mi madre con mi familia y mis amigos.

Desde ese momento, cuando entraba al escenario simplemente decía: ¡AZÚCAR! Y ellos sabían exactamente lo que yo quería decir: hogar, amor y muchos besos.

El público aplaudía y me daba la bienvenida.

APLauso

I sang with my friends Tito and Johnny and Willie and people loved our music. Together we brought a new music to the Americas—salsa—a music that blended rock with rumba, mambo with jazz.

People loved to dance and swing to our music. **Shake shake shake!** went their hips as they laughed and danced!

Yo canté con mis amigos Tito, Johnny y Willie, y a la gente le encantaba nuestra música. Juntos trajimos una nueva música a América, la salsa, una música que mezclaba el rock con la rumba, el mambo con el jazz.

A la gente le encantaba bailar y girar con nuestra música. ¡Meneaban las caderas mientras se reían y bailaban!

Teachers and presidents honored me, and all because my songs sounded like the waves of the ocean hitting the roof of my mouth, like the streets of Havana, like my mother's kitchen, like a tummy full of beans and bananas and rice, like a cup of warm coffee with sugar. They named me the Queen of Salsa, and I wore that crown proudly.

Me rindieron honores maestros y presidentes, y todo porque mis canciones eran como las olas del mar golpeándome el cielo de la boca, como las calles de La Habana, como la cocina de mi madre, como una barriguita llena de frijoles, plátanos y arroz, como una taza de café caliente con azúcar. Me nombraron la Reina de la Salsa, y llevé esa corona con orgullo.

I crossed borders and broke boundaries because I was a survivor and no one ever stopped me from singing ever again! My records turned to gold and silver and streets and stars were given my name.

Boom boom boom! beat the congas.
Clap clap clap! go the hands.
Shake shake shake! go the hips.

When we sing together our words are like smiles flying across the sky. Come dance with me now, my friends, to the beat of the drums and the sound of the trumpets and the tropics.

Even when I am gone, my music will live on.

Crucé fronteras y rompí barreras porque fui fuerte y nunca más nadie consiguió que dejara de cantar. Mis discos llegaron a ser "discos de oro" y "discos de plata", y se les puso mi nombre a calles y estrellas.

¡Bum bum bum! resuenan las tumbadoras. Las manos aplauden y las caderas se menean. Cuando cantamos juntos, nuestras palabras son como sonrisas volando por el cielo. Amigos, vengan ahora a bailar conmigo al ritmo de los tambores y al sonido de las trompetas y los trópicos.

Aunque yo ya no esté, mi música seguirá viviendo.

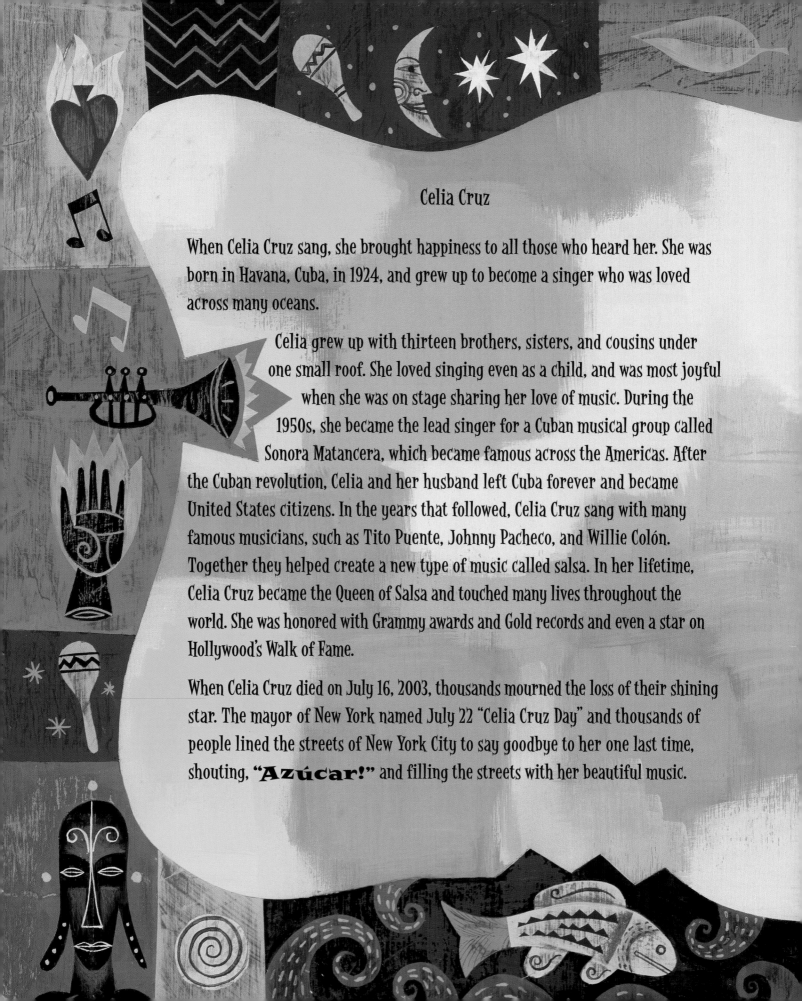

Celia Cruz

When Celia Cruz sang, she brought happiness to all those who heard her. She was born in Havana, Cuba, in 1924, and grew up to become a singer who was loved across many oceans.

Celia grew up with thirteen brothers, sisters, and cousins under one small roof. She loved singing even as a child, and was most joyful when she was on stage sharing her love of music. During the 1950s, she became the lead singer for a Cuban musical group called Sonora Matancera, which became famous across the Americas. After the Cuban revolution, Celia and her husband left Cuba forever and became United States citizens. In the years that followed, Celia Cruz sang with many famous musicians, such as Tito Puente, Johnny Pacheco, and Willie Colón. Together they helped create a new type of music called salsa. In her lifetime, Celia Cruz became the Queen of Salsa and touched many lives throughout the world. She was honored with Grammy awards and Gold records and even a star on Hollywood's Walk of Fame.

When Celia Cruz died on July 16, 2003, thousands mourned the loss of their shining star. The mayor of New York named July 22 "Celia Cruz Day" and thousands of people lined the streets of New York City to say goodbye to her one last time, shouting, **"Azúcar!"** and filling the streets with her beautiful music.

Celia Cruz

Cuando Celia Cruz cantaba, todos los que la escuchaban se sentían felices. Nació en La Habana, Cuba, en 1924 y llegó a ser una cantante muy querida en todo el mundo.

Celia se crió con trece hermanos y primos, en una casa pequeña. Le encantaba cantar ya de niña, y se sentía muy contenta cuando estaba en el escenario compartiendo su amor por la música. Llegó a ser la cantante principal de un grupo musical cubano llamado la Sonora Matancera, que fue famoso en toda América. Cuando triunfó la revolución cubana, Celia y su esposo se fueron para siempre de Cuba y se hicieron ciudadanos de los Estados Unidos. En los años que siguieron, Celia Cruz cantó con muchos músicos famosos, como Tito Puente, Johnny Pacheco y Willie Colón. Junto crearon un nuevo tipo de música llamada salsa. Durante su trayectoria, Celia llegó a ser la Reina de la Salsa y tocó muchos corazones en todo el mundo. Fue laureada con el premio Grammy y con varios Discos de Oro, e incluso con una estrella en el Paseo de la Fama de Hollywood.

Cuando Celia Cruz murió, miles de admiradores lloraron la pérdida de su estrella. El alcalde de Nueva York nombró el 22 de julio como el Día de Celia Cruz y millares de personas llenaron las calles neoyorquinas para darle el último adiós, gritando **¡Azúcar!** y colmando las calles con la hermosa música de Celia.

Celia Cruz

1924-2003